Bruce
Der Karate Hund

Bjørn Rasmussen

Bruce
Der Karate Hund

Inhaltsangabe

Teil Eins

Mein Hundewelpe

Mein Hundewelpe

Paco war 7 Jahre alt. Er war neu an der Schule.

Paco hatte eine dunkle Hautfarbe, und einige seiner Klassenkameraden machten sich deswegen über ihn lustig. Aber sie verspotteten ihn sogar noch mehr, weil er viel kleiner und schwächer war, als die anderen Schüler in seiner Klasse. Sogar die gleichaltrigen Mädchen waren viel größer und stärker als er. Sie nannten ihn „kleiner Knirps".

Paco hasste es, wenn seine Klassenkameraden ihn verspotteten. Er wollte einfach nur raus aus der Schule und nach Hause gehen und die Tür abschließen. Paco verbrachte fast seine gesamte Freizeit in seinem Zimmer. Hier fühlte er sich sicher.

Die Wände in seinem Zimmer waren voll mit Bruce Lee Poster. Paco war ein Fan von Bruce Lee. Paco besaß viele Videos mit Bruce Lee Filmen. Bruce Lee war ein Kung-Fu Meister, der vor vielen Jahren gestorben war. Er war Chinese und nicht sehr groß. Er war der Beste in Karate in der ganzen Welt. Er war eine Legende.

Paco hatte auch ein Poster von Arnold Schwarzenegger, der die größten Muskeln in der ganzen Welt hatte.

Pacos bester Freund war sein Hund „Bruce". Paco hatte seinen Vater und seine Mutter bestürmt, einen Hund anzuschaffen. Seine Eltern sagten ihm, dass es sehr schwer sei, auf einen Hund aufzupassen.

Er muss viele Male am Tag ausgeführt werden. Vielleicht muss er sogar nachts hinaus Pipi machen. Sie sagten ihm, dass das Leben ohne einen Hund viel einfacher wäre.

Paco kümmerte sich nicht um die Einwände seiner Eltern. Er wollte seinen eigenen Hund. Und an seinem 7. Geburtstag schenkten ihm seine Eltern einen kleinen Hundewelpen. Es war ein Rüde und sein Vater sagte ihm, dass der Welpe eine echter Mischling wäre.

"I werde ihn Bruce Lee nennen", sagte Paco.

"Nein – schau mal!" sagte sein Vater. "Da ist nicht viel von Bruce Lee in diesem Hund. Ich denke wir sollten ihn „kleiner Knirps" nennen". Er wusste nicht, dass Paco in der Schule „kleiner Knirps" genannt wurde.

"NEIN", – schrie Paco. "Mein Hund heißt Bruce Lee."

Dann einigten sich alle darauf, den Hund „Bruce" zu nennen.

Der Name passte gut zu dem Hund. Er wuchs schnell und wurde bald ein Rabauke. Er sprang vor, wenn er auf andere Hunde traf.

Bruce wuchs und wuchs und wuchs. Als er 6 Monate alt war, war er genauso groß wie Paco. Paco führte Bruce morgens aus, und wenn er aus der Schule nach Hause kam und nach dem Abendessen. Und er führte ihn direkt vor dem Schlafengehen aus.

Bruce hatte ein eigenes Bett direkt neben Pacos Bett. Tagsüber, wenn Paco in der

Schule war, war Bruce in Pacos Bett. Das war in Ordnung.

Bruce verstand alles, was Paco sagte, aber Paco verstand nicht alles, was Bruce ihm sagte.

In der Schule hatte Paco gelernt, dass Tiere nicht denken konnten. Nur Menschen können denken. Menschen sind viel klüger als Tiere.

Paco war nicht gleicher Meinung. Paco wusste, dass Bruce denken konnte. Weil Bruce alles verstand, was man ihm sagte. Wenn Bruce winselte, konnte Paco nicht immer verstehen, was er meinte. War Bruce hungrig oder durstig? Wollte Bruce ausgeführt werden oder nur einfach reden?

Paco war nicht davon überzeugt, dass er der Klügere von den beiden war. Paco war verwirrt.

Als Bruce 7 Monate alt war, verstand er alles was Paco sagte. Das bedeutete aber nicht, dass er das machte, was man ihm sagte. Nein – Bruce entschied für sich selbst, was er machen wollte.

Das war für Paco ein großes Problem. Denn Bruce war jetzt sehr viel größer und stärker als Paco. Wenn sie auf andere Rüden trafen, stürmte Bruce sehr oft vorwärts auf die anderen Hunde zu und versuchte sie aufzufressen.

Von einem Moment auf den nächsten konnte Bruce sich von einem freundlichen

Hund in ein knurrendes, bellendes, sabberndes Monster verwandeln.

Wenn Leute mit Hunden Paco und Bruce auf sich zukommen sahen, bekamen sie Angst, drehten sich schnell um und nahmen einen anderen Weg.

Jeder sprach über den kleinen Jungen und den großen Hund. Sie hielten Bruce gefährlich für die anderen Hunde.

Paco – auf der anderen Seite – fühlte sich wichtig, wenn er Bruce ausführte. Kaum einer der Klassenkameraden ärgerte Paco, wenn sie auf den großen Hund trafen. Sie hatten Angst vor Bruce. Weil Bruce manchmal an der Leine vorwärts stürmte, wenn sie einen Klassenkameraden trafen, den Paco nicht mochte.

Der Vorteil war, dass Pacos Klassenkameraden ihn nicht mehr „kleiner Knirps" nannten. Sie hatten aufgehört, ihn zu ärgern, weil sie Angst vor Bruce hatten. Paco fühlte sich nicht mehr schlecht, wenn er in die Schule ging. Eigentlich machte ihm seine Schule sogar immer mehr Spaß.

Aber *der Nachteil* war, dass Paco Angst davor hatte, was Bruce anstellen könnte, wenn sie einen anderen Rüden trafen. Paco wusste, dass es seine Pflicht war, Bruce immer voll im Griff zu haben. Paco wusste auch, dass er Bruce nicht im Griff hatte.

Wenn sie andere Hunde trafen, musste entweder ein Baum oder ein Laternenmast in der Nähe sein, so dass Paco etwas zum Festhalten hatte, wenn Bruce, auf den anderen Hund zustürmte. Nur so konnte er Bruce zurückhalten.

Und wenn Bruce einen anderen Hund anfiel. Ja – es war, als ob man einen Video mit Bruce Lee anschaute. Sein Hund war schneller und wilder als jeder andere Hund. Keine Hunde griffen Bruce an. Jeder Hund in der Nachbarschaft hatte Angst vor Bruce.

Paco konnte sich nicht mehr daran erinnern, wann er entschieden hatte, welcher Weg genommen wird. Bruce war der Stärkere. Und Bruce wählte immer die Straßen, die an Gärten mit Hunden vorbeiführten. Und Bruce war nicht nett zu den anderen Hunden.

Die Beschwerde.

Sie erhielten eine Beschwerde.

Bruce war auf einen Klassenkameraden zugestürmt, der versuchte, Paco zu ärgern. Bruce hatte den anderen Jungen in den Finger gebissen. Es floss kein Blut, aber der Junge erzählte es seinen Eltern. Die Eltern beschwerten sich bei Pacos Vater und Mutter.

Sie sagten, dass der Hund gefährlich sei, und dass der Vorfall bei der Polizei angezeigt werden müsste, so dass der Hund eingeschläfert werden könnte.

Pacos Vater und Mutter versprachen, dass dies nie wieder passieren würde.

Aber was sollten sie tun? Das Problem war riesengroß.

Als erstes suchten sie einen Hundepsychologen auf. Der erklärte ihnen, falls sie Bruce am Leben erhalten wollten, dann müsste Bruce lernen, dass Paco der Anführer sei, und dass Paco stärker werden müsste, um in der Lage zu sein, den Hund festzuhalten.

Dies war eine große Aufgabe. Aber Bruce hatte die Macht übernommen, und der Hundepsychologe hatte recht.

Der Hundepsychologe hatte auch einen Rüden.

Der Hundepsychologe zeigte ihnen eine leere Coca Cola Dose. Er füllte die Cola

Dose mit Kieselsteinen und klebte die Öffnung mit einem Klebeband zu. Als der Hundepsychologe die Cola Dose schüttelte, machte sie einen fürchterlichen Lärm. Bruce mochte diesen Lärm nicht.

Als Bruce den anderen Rüden sah, stürmte er mit einem tiefen Knurren auf ihn zu. Der Tierarzt warf die Cola Dose nach Bruce. Bruce bekam Angst und war sofort friedlich.

"Das musst Du machen, wenn Bruce rabiat wird", sagte er zu Paco.

"Wenn Du dies ein paar Mal gemacht hast, dann musst Du nur noch die Dose schütteln. Und es wird nur noch eine kurze Zeit dauern, bis Du nur noch die Dose zeigen musst. Bruce wird es verstehen", sagte der Tierarzt. "Bruce ist ein intelligenter Hund".

Das einzige was übrigblieb, war Paco größer werden zu lassen und stärker zu machen, um in der Lage zu sein, Bruce in den Griff zu bekommen .

Das könnte lange dauern – viele Jahre. Aber das würde nicht funktionieren. Es musste jetzt gleich sein.

Paco könnte mit Bodybuilding und Gewichtheben anfangen. Paco hatte ein Arnold Schwarzenegger Poster. Paco würde gern wie er aussehen. Es wäre besser, als klein und schwach zu sein.

Aber Paco wurde erklärt, dass Kinder nicht schwere Gewichte heben dürfen, bis ihre Körper ausgewachsen sind.

Paco könnte in seiner Freizeit mit Turnen anfangen. Aber Paco war in der Schule nicht gut im Turnen, und er würde seine Freizeit nicht auf so etwas verwenden.

Dann erinnerte sich Paco plötzlich daran, dass er immer schon wie Bruce Lee sein wollte. „Ich möchte Kung-Fu lernen", teilte er seinen Eltern mit.

Pacos Vater sah im Telefonbuch nach, um zu sehen, ob eine Kung-Fu Schule in der Nähe war. Es gab keine.

"Aber es gibt eine Karate Schule in dieser Stadt. Kannst Du Karate statt Kung-Fu gebrauchen?", fragte Pacos Vater. Paco meinte, dass Karate in Ordnung wäre.

Die Karate Schule

Paco fing in der Karate Schule an. Er trainierte jede Woche an 2 Abenden. Sein Vater kaufte für ihn einen weißen Karate Anzug mit einem weißen Gurt. Paco gefiel ein schwarzer Gurt besser, aber das musste noch warten.

Paco wollte den „Halbkreistritt" lernen. Es war ein Tritt, bei dem der Kämpfer sein Bein in einem Kreis herum schwingt. Genauso wie es Bruce Lee machte. Aber der Lehrer erklärte Paco, dass er warten müsste, bis er mehr Erfahrung hätte.

Das Karate Training fand in einer Turnhalle statt, die sie ein „Dojo" nannten. Das ist ein japanisches Wort für Karate Schule.

Wenn er in das Dojo hereinkam, musste er sich respektvoll verbeugen. Wenn er das Dojo verließ, musste er rückwärts durch die Tür gehen und sich wieder respektvoll verbeugen.

In dem Dojo waren viele Kinder, und sie alle trugen weiße Gurte. Der Lehrer trug einen schwarzen Gurt.

Die anderen Kinder erklärten ihm, dass sie einen weißen Gurt tragen müssen. Später war es möglich, einen gelben, orangen, grünen, violetten, braunen und schwarzen Gurt zu bekommen. Dann wusste Paco, dass sein Lehrer sehr gut in Karate war.

Paco lernte fest auf seinen Füßen zu stehen. Er lernte fest zu stehen, sogar wenn die anderen Karate Schüler um ihn herum in einem Kreis standen und ihn schubsten. Es war fast genau so, als ob Bruce an der Leine zog.

Paco lernte verschiedene Schläge und Tritte. Der Lehrer sagte, dass eine Person, die Karate trainiert, *Karateka* genannt wird. Und der Lehrer sagte, dass ein Karateka niemals angreift, sondern nur sein Karate für Verteidigungszwecke nutzt.

Paco lernte, höflich zu seinem Karate Lehrer und zu den anderen Karatekas zu sein.

Wenn die Karate Stunde anfing, standen alle Karatekas in einer Reihe vor dem Lehrer. Jedes Mal wenn der Lehrer etwas erklärte, müssen die Karatekas „Os" sagen. Es war ein japanisches Wort, das bedeutete, dass sie verstanden hatten, was er sagte. Und dann mussten sich die Karatekas respektvoll vor dem Lehrer verbeugen.

Wenn die Karatekas miteinander trainierten, verbeugten sie sich ebenfalls respektvoll. Das war in der Tat anders als in der gewöhnlichen Schule.

Einmal erwischte sich Paco selbst dabei, dass er sich respektvoll verbeugte und „Os" sagte, als sein Lehrer ihm etwas in Mathematik erklärte.

Und einmal, als er mit seinem Klassenlehrer in seinem Büro sprach, empfand es Paco als normal, das Büro rückwärts gehend zu verlassen und sich respektvoll zu verbeugen, bevor er die Tür schloss.

Die Lehrer an seiner Schule sprachen darüber, wie höflich Paco war und waren der Ansicht, dass alle anderen Schüler viel von ihm lernen könnten.

Bruce benimmt sich besser.

Paco und Bruce waren immer noch beste Freunde. Paco hatte mehrere Male die Cola Dose nach Bruce geworfen, wenn Bruce einem blöden Rottweiler zeigen wollte, wer der Stärkere war. Es war weder Bruce noch der Rottweiler. Es war Paco, der der Stärkste war.

Es war nicht mehr notwendig, die Cola Dose zu schütteln oder sie sogar zu zeigen. Bruce war ein kluger Hund. Er wusste, dass Paco die Cola Dose in seiner Tasche hatte und dass sie schnell aus der Tasche geholt werden konnte.

Bruce wusste auch, dass er Paco nicht länger mitziehen konnte. Paco war nicht sehr groß, aber er wurde sogar kleiner und

und schien auf dem Boden festgeklebt zu sein, wenn er Bruce zog.

Bruce fand, dass das in Ordnung war. Eigentlich war Bruce froh, dass Paco die große Verantwortung übernommen hatte zu entscheiden, wann angegriffen wurde und wann nicht und welcher Weg genommen wurde.

Bruce konnte sich entspannen. Es war jetzt viel leichter. Warum hatte er nicht schon früher daran gedacht?

Wenn Paco den falschen Weg wählte, sah Bruce ihn nur an und dachte, „das kannst Du doch nicht meinen. Wir sind immer den anderen Weg gegangen." Paco verstand diese stumme Sprache, und dann wählte

Paco den „richtigen" Weg, und Bruce bekam seinen Willen wie vorher.

Der Rückwärtsdrall-Halbkreistritt

Paco gefiel Karate, und er wurde immer besser.

Er stand oft in seinem Zimmer vor dem Spiegel und spannte seine Muskeln an. Er konnte sehen, dass er stärker wurde.

Er hatte einen Sandsack in seinem Zimmer. Er trainierte seine Tritte am Sandsack. Besonders den Halbkreistritt, und er wurde zum Experten hierin.

Eines Tages fragte einer seiner Klassenkameraden in der Schule, was Paco in Karate gelernt hatte. „Zeig uns ein wenig Karate", riefen die Klassenkameraden.

Paco bat die Klassenkameraden an die Wände des Klassenzimmers zurückzuweichen. Dann sprang er hoch in die Luft und machte einen Rückwärtsdrall-Halbkreistritt.

"Oh – das war phantastisch!" sagten seine Klassenkameraden. „Wenn Du jemanden triffst, wird er sofort tot umfallen."

"Ja – dieser Tritt ist wirklich gefährlich," sagte Paco. "Deswegen dürfen ihn nur Karatekas mit hoher moralischer Verantwortung lernen. Er kann nur angewandt werden, wenn der Karateka in Todesgefahr ist."

Von diesem Tag an bewunderten alle seine Klassenkameraden Paco, obwohl er immer noch der kleinste Junge in der Klasse war.

Und sie hörten immer aufmerksam zu, wenn er etwas sagte.

Teil Zwei

Bruce – Der Karate Hund.

Bruce – Der Karate Hund

Der Karate Lehrer lehrte die Karatekas, dass wenn sie angriffen, sie dies dann mit aller ihrer Stärke, Kraft und Schnelligkeit machen müssten.

"Mein Hund hat mir das bereits gezeigt" dachte Paco bei sich. „Wenn Bruce angreift, macht er das immer mit höchster Kraft und Gewalt".

Das Karate lehrte Paco, warum Bruce sich so verhielt, wie er es tat.

Paco hatte 2 Karatekas mit schwarzen Gurten kämpfen gesehen. Sie traten und schlugen sehr schnell aufeinander ein. Aber sie schlugen nicht fest zu. Sie deuteten die

Tritte und Schläge nur an. Sie wussten genau, wie weit sie gehen konnten, ohne sich gegenseitig zu verletzen. Niemand wurde verletzt.

Das war genau was Bruce machte, wenn er andere Hunde angriff. Bruce deutete die Bisse nur an. Bruce hatte noch nie einen anderen Hund gebissen.

Aber es sah wild aus, wenn Bruce seine Schnauze um den Nacken oder an der Kehle eines anderen Hundes hatte. Aber der andere Hund wurde niemals verletzt. Bruce deutete die Bisse nur an, genauso wie die Schwarzgurte es machten.

Der Name "Bruce" passt perfekt für meinen Hund. Und mein Vater wollte ihn „kleiner Knirps" nennen. Es wäre albern gewesen, so einen großen Hund „kleiner Knirps" zu nennen.

Bruce war wirklich ein perfekter Karate Kämpfer. Aber er war auch der beste Freund in der Welt.

Aber warum war Bruce so gut in Karate? Pacos Vater hatte ihm erzählt, dass Bruce ein "Mischling" war. Aber er wusste nicht und kein Mensch wusste, dass Bruces Vorfahren seit vielen Generationen Karate Hunde waren.

Und heute gab es nicht mehr so viele echte Karate Hunde.

Es gab viele Kampfhunde. Sie waren gut für Hundekämpfe. Aber ein echter Karate Hund war ein seltener Anblick.

Vor vielen Jahren gab es einmal einen Karate Hund, der den Rückwärtsdrall-Halbkreistritt beherrschte. Aber die Begabung, diesen Tritt auszuführen, ist vor vielen Hundegenerationen verloren gegangen.

Nein – das ist nicht richtig. Es gab einen Hund auf der ganzen Welt, der diesen Tritt beherrschte. Dieser Hund war Bruce. Paco hatte Bruce diesen Tritt beigebracht.

Paco und Bruce trainierten Halbkreistritte an dem Sandsack in ihrem Zimmer. Und sie konnten ihn richtig gut. Aber sie prahlten nicht damit.

Wenn Paco und Bruce durch die Straße gingen, zeigten sie niemals ihr Karate. Sie gingen friedlich nebeneinander her. Sie benutzen auch keine Leine. Bruce war zu allen ein höflicher Hund.

Paco war bis 2 Uhr nachmittags in der Schule. Bruce holte Paco von der Schule ab. Wenn Paco durch das Schultor kam, wartete Bruce draußen auf ihn. Und sie gingen zusammen heim.

Der Hundefänger.

Eines Tages, als Bruce friedlich vor dem Schultor saß und auf Paco wartete, kam das Auto eines Hundefängers vorbei.

Der Hundefänger beobachtete den großen Hund vor dem Tor.

"Was macht dieser große Hund hier?" sagte er zu sich selbst. „Wenn ich ihn fange, kann ich ihn verkaufen und etwas Geld verdienen". Er hielt das Auto an und holte sein Hundefängernetz.

Dann ging er zu Bruce und gab ihm ein Stück Schokolade. Während Bruce die Schokolade aß, warf der Hundefänger sein Netz über den Hund und zog ihn zu seinem Auto.

Er schaffte den Hund sehr schnell in sein Auto, verriegelte alle Türen und fuhr mit höchster Geschwindigkeit in die große Stadt.

Herr Sneak.

Der Hundefänger kannte einen Mann in der großen Stadt, der große Hunde kaufte. Der Name des Mannes war Herr Sneak.

Herr Sneak benutzte die Hunde für Hundekämpfe. Die Person, die den stärksten Hund besaß, konnte viel Geld verdienen. Herr Sneak war ein reicher Mann.

Herr Sneak arbeitete nicht. Wie ist er reich geworden?

Das war wirklich eine traurige Geschichte. Seine Hunde kämpften unter Lebensgefahr, so dass Herr Sneak Geld verdienen konnte. Herrn Sneaks Hunde gewannen viele

Hundekämpfe, aber am Ende wurden sie von anderen Hunden umgebracht.

Herr Sneak wettete, dass seine Hunde die anderen Hunde besiegten. Manchmal verlor er seine Wetten, aber die meiste Zeit gewann er.

Die eigentlichen Verlierer bei diesen Wetten waren die Hunde. Aber Herr Sneak kümmerte sich nicht um die Hunde, so lange er gutes Geld verdiente.

Herr Sneak hatte zur Zeit ein Problem. Er hatte keine Kampfhunde. Sie wurden alle umgebracht. Sein letzter Hund starb letzte Woche, als ein riesiger Vampirhund ihm die Kehle durchbiss.

Alle Kampfhunde hatten Angst vor dem Vampirhund. Er war blutrünstig und mörderisch.

Der Hundefänger verkaufte Bruce an Herrn Sneak für 1000 $.

Training für Hundekämpfe

Herr Sneak war nicht nett zu Bruce. Bruce vermisste Paco sehr. Aber Herr Sneak hatte Bruce mit einer Eisenkette angekettet, und der Hund konnte nicht entkommen.

Jeden Tag nahm Herr Sneak Bruce mit zu einem Trainingsplatz, wo die anderen Kampfhunde waren.

Wenn Bruce einen anderen Kampfhund traf, hielt Herr Sneak Bruce an der Eisenkette fest. Der andere Hund wurde auch an einer Eisenkette festgehalten. Herr Sneak und der andere Mann brüllten: „Fass ihn", um die Hunde zum Kämpfen zu bringen.

Die Hunde rasten aufeinander zu, aber wenn es zu gefährlich wurde, zogen die Männer an den Eisenketten und trennten die Hunde.

"Wir wollen nicht riskieren, dass sie sich gegenseitig während des Trainings zerfleischen", sagte Herr Sneak. „Das bringt kein Geld".

"Nein – im Gegenteil", sagte der andere Mann. „Wenn das passiert, müssen wir einen anderen Hund kaufen oder stehlen".

Diese Männer waren so. Sie kümmerten sich nicht um die Hunde. Sie wollten nur Geld verdienen.

Jeden Tag – Woche für Woche – wurde Bruce so trainiert. Dann sagte Herr Sneak Bruce, dass das Training vorbei wäre. Nun musste Bruce bei richtigen Hundekämpfen kämpfen.

Herr Sneak erklärte Bruce, dass der Kampf nicht abgebrochen würde, selbst wenn einer der Hunde den anderen tötete.

Der Kampf gegen King.

Der große Tag war da. Herr Sneak stand früh auf. Bruce bekam kein Frühstück.

"Damit wirst Du wilder", sagte Herr Sneak. „Du wirst mir dankbar sein".

Bruce konnte nicht verstehen, dass er dankbar dafür sein sollte, dass er kein Frühstück bekam.

Herr Sneak zerrte Bruce aus der Tür und sie fuhren zur Kampfbahn, wo die Hundekämpfe stattfanden.

Als sie näher kamen, sah Bruce viele Menschen um die Kampfbahn herum. Die Menschen wetteten, welcher Hund die Kämpfe gewinnen würde.

Herr Sneak wettete, dass Bruce seinen ersten Kampf gewinnen würde. Er wettete 1.000 $. „Du darfst mich nicht enttäuschen", sagte Herr Sneak zu Bruce. „Ich muss Geld verdienen, damit ich mehr Hunde kaufen kann. Denn ich weiß nicht, wie lange Du die Kämpfe überleben kannst".

Plötzlich hörten sie eine Stimme aus dem Lautsprecher. Die Stimme sagte, dass Bruce jetzt gegen den deutschen Schäferhund King kämpfen müsste.

Bruce kannte King vom Training. King war ein intelligenter und höflicher Hund. Wie Bruce, war King gestohlen und wurde für Hundekämpfe benutzt.

Die zwei Hunde trafen in der Kampfbahn aufeinander. Beide Hunde wurden an der Kette gehalten bis eine Stimme aus dem Lautsprecher sagte, „loslassen". Dann wurde die Kette von den Hunden abgenommen, und sie rasten aufeinander zu.

Die Hunde knurrten sich an. King sprang auf Bruce und vergrub die Zähne in seiner Kehle. Aber nicht zu fest. „Wir müssen diesen Leuten etwas für ihr Geld bieten, ohne dass wir uns selbst wehtun". Bruce stimmte dem zu.

Bruce drehte sich sehr schnell herum und warf King von seinem Rücken hinunter. King fiel auf den Boden und winselte. Er hatte sich verletzt.

"Fass ihn Bruce!" "Töte ihn Bruce!" rief die Menge. Aber Bruce stand nur ruhig vor King und knurrte ein wenig. King setzte sich hin und winselte. Der Kampf war vorbei.

"Gut gemacht Bruce" sagte Herr Sneak. Wir haben die Wette gewonnen. Aber Du hättest King in die Kehle beißen und töten sollen. Dann hätte ich doppelt so viel gewonnen.

"Aber das macht nichts. Du bist jetzt im Endkampf. Du musst gegen den Vampirhund kämpfen. Er hat letztes Jahr gewonnen. Wenn Du diesen Kampf gewinnst, dann bist Du der Meister dieses Jahres."

"Aber bedenke, dass der Vampirhund ein boshafter Hund ist. Er tötet gerne. Pass auf und nimm Dich vor seinen großen Zähnen in Acht. Ich glaube sie sind giftig."

Herr Sneak hatte Bruce zu schätzen gelernt. Deswegen warnte er ihn vor dem giftigen Biss des Vampirhundes. Aber als Herr Sneak eine Wette abschloss, wagte er nicht, sein Geld auf Bruce zu setzen.

Herr Sneak wettete all sein Geld auf den Sieg des Vampirhundes. Der Vampirhund hatte alle Hunde, auf die er in Hundekämpfen traf, getötet. Daher waren Bruces Chancen, den Kampf zu gewinnen, sehr gering.

Der Kampf gegen den Vampirhund.

Als Bruce in die Kampfbahn kam, sah er den Vampirhund zum ersten Mal. Er war schrecklich. Er war riesig, schwarz mit riesigen Zähnen und bösen Augen.

Er war nicht wirklich schwarz. Er war irgendwie leuchtend schwarz. Er sah Bruce mit seinen gemeinen, bösen Augen an und knurrte:

"Muss ich wirklich meine Zeit auf so einen kleinen Mischling verschwenden? Wenn Du ein braver Hund bist und Dich gut benimmst, dann will ich Dich am Leben lassen, aber ich werde eines Deiner Beine abbeißen."

Bruce zitterte vor Angst. Jetzt verstand er, warum Herr Sneak davon ausging, dass der Vampirhund der Gewinner sein würde.

Die Stimme aus dem Lautsprecher sagte, „loslassen", und die Ketten wurden abgenommen.

Leben oder Tod.

Der Vampirhund stand still. Jeder konnte sehen, dass der Hund die Situation genoss.

Bruce wich zurück, so weit wie er konnte. Er zitterte vor Angst.

Der Vampirhund brüllte und sprang mit offenem Maul auf Bruce zu und griff an.

Bruce war gelähmt vor Angst, aber im letzten Moment wich er zu einer Seite aus und blockierte die Beine des Vampirhundes.

Der Vampirhund stolperte, aber kam wieder schnell auf die Beine. „Du hast einen Fehler gemacht", sagte er, „das hättest Du nicht tun sollen. Jetzt werde ich Dich töten".

Als er das sagte, stürzte er sich mit seinem ganzen Gewicht auf Bruce. Bruce konnte sich nicht bewegen. Der Vampirhund wog mindestens 200 Pfund.

Der Vampirhund sabberte Bruce voll. Seine großen Zähne kamen Bruces Kehle immer näher und näher.

Mit großer Mühe zog Bruce seine Hinterbeine unter dem Bauch des Hundes hervor.

Gerade als der Vampirhund in Bruces Kehle beißen wollte, trat Bruce mit voller Kraft hoch in den Bauch des Hundes. Der

Tritt war so hart, dass der Vampirhund durch die Luft flog.

Bruce schmiss sich auf die Seite, bevor der Hund wieder landete. Der Vampirhund war wütend und schlug Bruce mit seiner Hundefaust direkt auf die Nase.

Es tat sehr weh, und Blut rannte aus Bruces Nase.

Der Vampirhund schlug Bruce wieder und wieder, und Bruce wurde vor Schmerz fast ohnmächtig.

"Ich sterbe jetzt," sagte Bruce zu sich selbst. "Was kann ich gegen diesen Vampirhund tun? Wenn nur Paco hier wäre. Was würde er tun?"

"Den tödlichen Rückwärtsdrall-Halbkreistritt", schien Paco zu flüstern.

Mit letzter Kraft sprang Bruce im letzten Moment in die Luft. Er drehte sich rückwärts herum. Als seine beiden Hinterbeine mit voller Wucht den Nacken des Vampirhundes trafen, hörten die Leute ein „Knack".

Der Vampirhund war tot.

Jeder hörte es. Jeder sah es.

Zuerst waren sie ganz still. Dann schrien sie alle: "Der Rückwärtsdrall-Halbkreistritt!" "Hast Du das gesehen?" Ja – Er drehte mit voller Geschwindigkeit und voller Kraft."

Die Leute hatten noch nie so etwas zuvor gesehen. Jeder war glücklich. Dieser

Kampf war der beste seit vielen Jahren gewesen.

Nein – nicht jeder war glücklich. Herr Sneak war nicht glücklich. Er hatte sein ganzes Geld auf den Vampirhund gewettet.

"Herzlichen Glückwunsch zu Ihrem Sieg Herr Sneak" sagten die Leute zu ihm. "Danke", sagte Herr Sneak. Er weinte fast.

Dann sagte Herr Sneak zu sich selbst.´, „Jetzt habe ich kein Geld – aber ich habe einen Siegerhund. Ich werde bald wieder reich sein.

Dann ging Herr Sneak auf die Kampfbahn, um Bruce zu holen. Bruce knurrte ihn an, und Herr Sneak konnte ihm nicht die Eisenkette umlegen. Herr Sneak bekam

Angst und wollte, dass ihm einige Leute halfen.

"Wir trauen uns nicht," sagten die Leute. "Hast Du denn nicht den Halbkreistritt gesehen?" "Wir möchten nicht so getreten werden. Du musst Deinen Hund schon selbst fangen".

Herr Sneak versuchte noch einmal, Bruce zu fangen. Aber Bruce knurrte mit derartiger Heftigkeit, dass Herr Sneak weglief, so schnell wie er konnte.

Dann verließ Bruce die Kampfbahn. Keiner hielt ihn auf. Bruce war endlich frei.

Die Heimkehr.

Bruce kannte nicht die Straßen in der großen Stadt. Aber er wusste, welchen Weg er nehmen musste. Hunde wissen das. Und Katzen auch. Sie können immer ihren Weg nach Hause finden.

Bruce irrte eine Woche herum. Er fand nichts zu fressen. Er lief und lief nur. Er vermisste Paco sehr.

Eines Tages konnte er die kleine Heimatstadt riechen. Er konnte die Schule riechen.

Dann rannte Bruce zur Schule. Er fühlte, dass die Uhr bald 2 Uhr Nachmittag anzeigen würde, und dass Paco bald aus der Schule kommen würde.

Als Bruce zur Schule kam, setzte er sich vor das Schultor und wartete auf Paco. Er war so müde. Dann schlief er ein.

Das Wiedersehen.

Als Paco aus der Schule kam, sah er sofort den schlafenden Hund.

"Bruce – mein liebster Bruce. Du bist zu mir zurückgekehrt", schrie er, und dann umarmte er den großen Hund. „Ich habe Dich so vermisst". Paco lachte und weinte gleichzeitig. Er war voller Freude.

Paco konnte nicht aufhören, den Hund zu umarmen. „Du bist dünn. Hast Du nichts zu fressen bekommen, während Du weg warst?" "Wo warst Du denn?"

Dann erzählte Bruce Paco alles über seine Abenteuer, aber Paco verstand kein Wort.

Paco sagte: "Du bist ein großer, alberner, wundervoller Hund. Jetzt gehen wir nach Hause. Du musst etwas zu fressen haben."

"Und wir werden den Halbkreistritt trainieren. Kannst Du Dich an den Halbkreistritt erinnern? Ich glaube Du hast ganz vergessen, dass es so etwas wie den Halbkreistritt gibt."

Bruce sah Paco freudig an und wedelte mit seinem Schwanz. Denn Bruce verstand alles, was Paco ihm sagte.

Aber Paco verstand nicht, was Bruce sagte. Menschen und Hunde sind so. Hunde verstehen alles, was die Menschen ihnen sagen, aber die Menschen verstehen nicht alles, was die Hunde ihnen sagen.

Aber die Menschen meinen, sie wären die Klügsten.